# L'APPRENTISSAGE AUTOMATIQUE EN ACTION

*UNE INTRODUCTION POUR LE PROFANE*

*ALAN T. NORMAN*

Traducteur : N`Doua Diby Gaston

# TABLE DES MATIERES

# POURQUOI J'AI ECRIT CE LIVRE

Bienvenue dans le monde de l'apprentissage automatique !

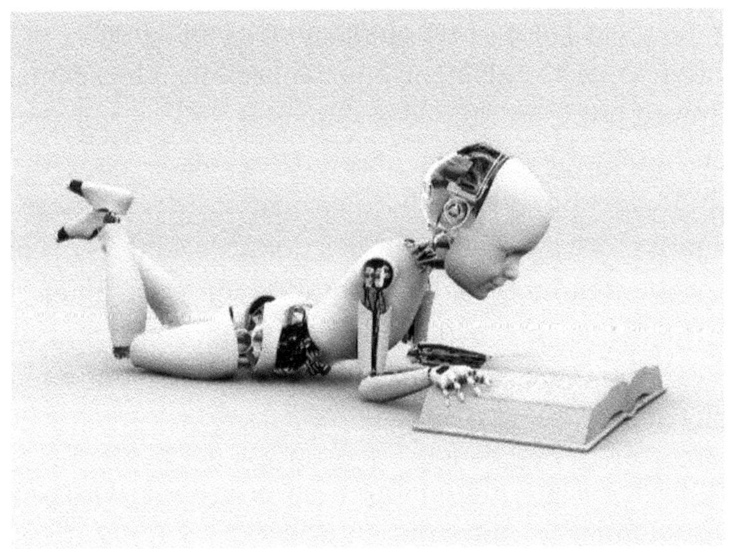

L'intelligence artificielle est prête à changer le cours de l'histoire humaine, peut-être plus que toute autre technologie. Une grande partie de cette révolution est l'apprentissage automatique.

L'apprentissage automatique est la science qui consiste à apprendre aux ordinateurs à faire des prédictions à partir de données. À un niveau élémentaire, l'apprentissage automatique consiste à donner à un ordinateur un ensemble de données et à lui demander de faire une prédiction. Au début, l'ordinateur se trompera sur de nombreuses prédictions. Cependant, au fil des milliers de prédictions, l'ordinateur ré-outillera son algorithme et fera de meilleures prédictions.

Ce type d'informatique prédictive était autrefois impossible. Les ordinateurs ne pouvaient tout simplement pas stocker suffisamment de données ni les traiter assez rapidement pour apprendre efficacement. Aujourd'hui, au fil des années, les ordinateurs deviennent de plus en plus intelligents à un rythme rapide. Les progrès réalisés en matière de stockage et de puissance de traitement des données sont à l'origine de cette tendance à l'amélioration des machines. En conséquence, les ordinateurs d'aujourd'hui font des choses qui étaient impensables il y a seulement une ou deux décennies.

L'apprentissage automatique affecte déjà votre vie quotidienne. Amazon utilise l'apprentissage automatique pour prévoir les produits que vous voudrez acheter. Gmail l'utilise pour filtrer les messages spam de votre boîte de réception. Vos recommandations de films sur Netflix sont exécutées sur une base d'algorithmes d'apprentissage automatique.

Cependant, l'impact de l'apprentissage automatique ne s'arrête pas là. Les algorithmes d'apprentissage automatique font des prévisions dans toutes sortes de secteurs, de l'agriculture aux soins de santé. De plus, ses effets se feront sentir dans de nouvelles industries et de nouvelles manières chaque année. À mesure que ces nouvelles applications de l'apprentissage automatique émergeront, nous les accepterons progressivement comme faisant partie de notre vie quotidienne. Néanmoins, cette nouvelle dépendance à l'égard des machines intelligentes est un tournant dans l'histoire de la technologie, et la tendance ne fait que s'accélérer.

À l'avenir, l'apprentissage automatique et l'intelligence artificielle en général entraîneront l'automatisation d'un grand nombre de tâches que les humains accomplissent aujourd'hui. Les voitures qui se conduisent seules font appel à l'apprentissage automatique pour la reconnaissance d'images et feront de plus en plus partie des transports, tout comme les camions et autres véhicules qui se conduisent seuls pour transporter des marchandises. Une grande partie de l'agriculture et de la fabrication est désormais automatisée, de sorte que l'apprentissage automatique fournit la nourriture que nous consommons et les biens que nous utilisons. La tendance à l'automatisation ne fait que s'accélérer. D'autres applications de l'apprentissage automatique pourraient changer fondamentalement les tâches que les humains accomplissent au quotidien, car les machines deviennent plus aptes à gérer des processus et à réaliser des travaux de connaissance.

Puisque l'apprentissage automatique aura un impact si profond sur la vie quotidienne, il importe que chacun ait accès à des informations sur son fonctionnement. C'est pour cette raison que j'ai écrit ce livre. Le paysage actuel de l'information sur l'apprentissage automatique est fragmenté.

Tout d'abord, il y a des explications pour le grand public qui rendent les concepts muets. Ces explications donnent l'impression que l'apprentissage automatique est quelque chose que seul un expert peut comprendre.

Deuxièmement, il y a les documents techniques rédigés par des experts pour des experts. Ils excluent le grand public par leur jargon et leur complexité. Il est évident que la rédaction et l'exécution d'un algorithme d'apprentissage automatique est une énorme prouesse technique, et ces explications techniques sont importantes. Cependant, il y a un trou dans la littérature actuelle sur l'apprentissage automatique.

Qu'en est-il du profane qui veut vraiment comprendre cette révolution technologique, pas nécessairement pour écrire du code mais pour avoir une idée des changements qui se produisent autour de lui ? La compréhension des concepts fondamentaux de l'apprentissage automatique ne devrait pas être réservée à une élite technologique. Ces changements nous affecteront tous. Ils ont des conséquences d'ordre éthique, et il est important que le public connaisse tous les avantages et les inconvénients de l'apprentissage automatique.

Voici la raison pour laquelle j'ai écrit ce livre. Si cela vous semble intéressant, j'espère que vous l'apprécierez.

## Ce livre n'aborde pas les algorithmes d'apprentissage automatique de codage

Au cas où cette introduction n'était pas assez clair : ce livre n'est pas un livre de codage. Il n'est pas destiné aux informaticiens pour qu'ils en apprennent à créer des algorithmes d'apprentissage automatique.

D'une part, je suis loin d'être qualifié pour écrire un tel livre. Les gens passent des années à apprendre les subtilités de l'écriture d'algorithmes et des réseaux de formation. Il existe des programmes entiers de doctorat qui explorent les limites de ce domaine, s'appuyant sur l'algèbre linéaire et les statistiques prédictives. Si vous vous plongez dans les détails de l'apprentissage automatique et que vous aimez suffisamment ce domaine pour en obtenir un doctorat, vous pourriez facilement en sortir avec un salaire de 300 à 600 000 dollars en travaillant pour une grande entreprise technologique. C'est dire combien ces compétences sont rares et précieuses.

Je n'ai pas ces qualifications, et je pense que c'est une bonne chose. Si vous avez pris ce livre, cela signifie que vous êtes un débutant intéressé par l'apprentissage automatique. Vous n'êtes probablement pas un technicien, ou si vous l'êtes, vous cherchez un livre de base pour vous en familiariser aux concepts de base. En tant qu'auteur du domaine de la technologie, j'apprends constamment sur les technologies. Je suis un étudiant de l'apprentissage automatique et je me souviens de ce que c'est que d'être un débutant. Je peux vous aider à expliquer les concepts de base de manière à ce qu'ils vous soient faciles à comprendre. Une fois que vous aurez lu ce livre, vous aurez une solide connaissance des principes de base qui vous permettra de passer plus facilement à un livre plus avancé si vous voulez en savoir davantage.

Cela dit, si vous avez l'impression de déjà comprendre les principes de base ou si vous voulez vraiment un livre qui vous apprenne les rouages de l'écriture et la de création d'un algorithme d'apprentissage automatique, alors ce livre n'est probablement pas celui qu'il vous faut.

## UNE INTRODUCTION POUR LE PROFANE

Le véritable objectif de ce livre est d'être une introduction pour comprendre facilement l'apprentissage automatique. Mon but est d'écrire un livre que n'importe qui pourrait lire, tout en restant fidèle aux principes de l'apprentissage automatique et en n'en rabaissant pas les concepts. J'ai confiance en l'intelligence de mes lecteurs, et je ne pense pas qu'un livre pour débutants doive nécessairement sacrifier la complexité et les nuances. Cela dit, ce n'est pas un livre volumineux, et il est loin d'être complet. Ceux qui s'intéressent au sujet voudront l'approfondir avec d'autres livres et en effectuant d'autres recherches.

Dans ce livre, nous examinerons les concepts de base et les types d'apprentissage automatique. Nous examinerons leur fonctionnement. Ensuite, nous explorerons la question des ensembles de données, ainsi que l'écriture et la formation d'un algorithme. Enfin, nous verrons quelques cas d'utilisation réels de l'apprentissage automatique et par la suite, nous verrons les endroits où l'apprentissage automatique pourrait être utilisé.

Une fois de plus, bienvenue à l'apprentissage automatique. Plongeons-nous dans...

# CHAPITRE 1. QU'EST-CE QUE L'APPRENTISSAGE AUTOMATIQUE

L'objectif de ce premier chapitre est de servir de base pour le reste de ce que vous lirez dans ce livre. Nous allons ici définir les concepts fondamentaux que nous explorerons plus en détail dans les prochains chapitres. Ce livre s'appuie sur lui-même, et ce chapitre en est le point de départ.

Cela dit, le point de départ logique est de définir ce que nous entendons par apprentissage automatique.

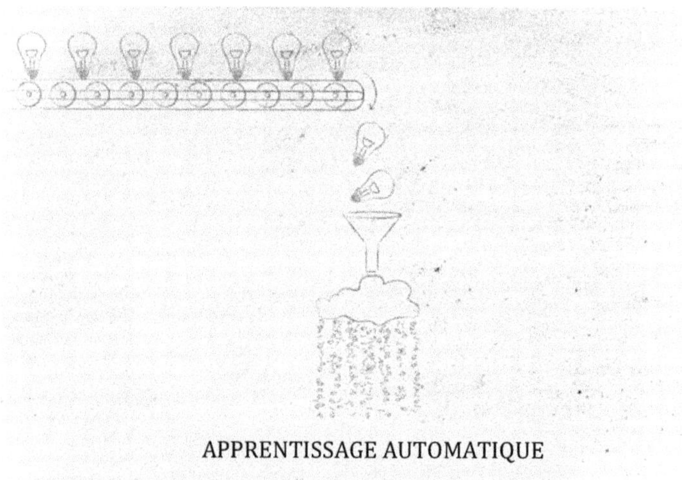

APPRENTISSAGE AUTOMATIQUE

Ma définition simple est la suivante : l'apprentissage automatique permet à un ordinateur d'apprendre par expérience.

Cela peut sembler trivial, mais si vous décomposez cette définition, elle a de profondes implications. Avant l'apprentissage automatique, les ordinateurs ne pouvaient pas s'améliorer par l'expérience. Au contraire, l'ordinateur faisait tout ce que le code lui commandait.

L'apprentissage automatique, dans son explication la plus simple, consiste à permettre à un ordinateur de varier ses réponses et à introduire une boucle de rétroaction pour les bonnes et les mauvaises réponses. Cela signifie que les algorithmes d'apprentissage automatique sont fondamentalement différents des programmes informatiques qui les ont précédés. Comprendre la différence entre la programmation explicite et l'apprentissage algorithmique est la première étape pour voir comment l'apprentissage automatique change l'informatique de manière fondamentale.

## PROGRAMMATION EXPLICITE OU FORMATION A L'ALGORITHME

À quelques exceptions près, presque tous les logiciels que vous avez utilisés dans votre vie ont été explicitement programmés. Cela signifie qu'un humain a écrit un ensemble de règles que l'ordinateur doit suivre. Tout, du système d'exploitation de votre ordinateur à l'internet en passant par les applications de votre téléphone, a un code qu'un humain a écrit. Sans les humains qui donnent à l'ordinateur un ensemble de règles à suivre, l'ordinateur ne pourrait rien faire.

La programmation explicite est extraordinaire. C'est l'épine dorsale de tout ce que nous faisons actuellement avec les ordinateurs. C'est l'idéal lorsque vous avez besoin d'un ordinateur pour gérer des données, calculer une valeur ou suivre des relations pour vous. La programmation explicite est très puissante, mais elle présente un gros inconvénient: l'humain.

Cette donne devient problématique lorsque nous voulons faire des choses complexes avec un ordinateur, notamment lui demander de reconnaître la photo d'un chat. Si nous devions utiliser la programmation explicite pour apprendre à un ordinateur ce qu'il faut rechercher dans un chat, nous passerions des années à écrire des codes pour chaque éventualité. Et si vous n'arrivez pas à voir les quatre pattes sur la photo ? Et si le chat est d'une couleur différente ? L'ordinateur pourrait-il repérer un chat noir sur un fond noir ou un chat blanc dans la neige ?

Ce sont toutes des choses que nous considérons comme allant de soi en tant qu'humains. Notre cerveau reconnaît les choses rapidement et facilement dans de nombreux contextes. Les ordinateurs ne sont pas si doués pour cela, et il faudrait des millions de lignes de codes explicites pour dire à un ordinateur comment identifier un chat. En fait, il n'est pas du tout possible de programmer explicitement un ordinateur pour qu'il identifie les chats avec précision à 100 %, car le contexte peut toujours changer et fausser votre code.

C'est là que les algorithmes entrent en jeu. Avec la programmation explicite, nous avons essayé de dire à l'ordinateur ce qu'est un chat et de tenir compte de chaque éventualité dans notre code. En revanche, les algorithmes d'apprentissage automatique permettent à l'ordinateur de découvrir ce qu'est un chat.

Pour commencer, l'algorithme pourrait contenir quelques caractéristiques clés. Par exemple, nous pourrions dire à l'ordinateur de chercher quatre pattes et une queue. Ensuite, nous fournissons à l'algorithme de nombreuses images. Certaines images sont des chats, mais d'autres peuvent être des chiens, des arbres ou des images aléatoires. Lorsque l'algorithme fait une supposition, nous renforçons les suppositions correctes et donnons un retour négatif pour les suppositions incorrectes.

Au fil du temps, l'ordinateur utilisera l'algorithme pour construire son propre modèle de ce qu'il faut chercher pour identifier un chat. Les éléments du modèle de l'ordinateur peuvent être des choses auxquelles nous n'avions pas pensé au début. Avec plus de renforcement et des milliers d'images, l'algorithme s'améliorera progressivement dans l'identification des chats. Il n'atteindra peut-être jamais une précision à 100%, mais il sera suffisamment précis pour remplacer un étiqueteur d'images de chats humains et être ainsi plus efficace.

Les algorithmes sont des lignes directrices mais ne constituent pas des règles explicites. Ils constituent une nouvelle façon de dire à un ordinateur comment aborder une tâche. Ils introduisent des boucles de rétroaction qui s'autocorrigent au cours de centaines ou de milliers d'essais sur une tâche donnée.

## DEFINITIONS: INTELLIGENCE ARTIFICIELLE OU APPRENTISSAGE AUTOMATIQUE OU RESEAUX NEURONAUX

Dans ce livre, il est question de l'apprentissage automatique, mais ce terme s'inscrit dans un contexte plus large. Comme l'apprentissage automatique se veut de plus en plus populaire, il fait l'objet d'une couverture médiatique importante. Dans ces articles, les journalistes utilisent souvent les termes intelligence artificielle, apprentissage automatique et réseaux neuronaux de manière interchangeable. Toutefois, il existe de légères variations entre ces trois termes.

L'intelligence artificielle est le plus ancien et le plus large des trois termes. Créée au milieu du 20e siècle, l'intelligence artificielle désigne toutes les fois où une machine observe son environnement et y réagit. L'intelligence artificielle s'oppose à l'intelligence naturelle chez les humains et les animaux. Au fil du temps, cependant, la portée de l'intelligence artificielle a connu une mutation. Par exemple, la reconnaissance de caractères était autrefois un défi majeur pour l'IA. Aujourd'hui, elle est devenue routinière et n'est plus considérée comme faisant partie de l'intelligence artificielle. À mesure que nous découvrons de nouvelles utilisations de l'IA, nous les intégrons à notre cadre de référence pour ce qui est normal, et la portée de l'IA s'étend à tout ce qui est nouveau.

L'apprentissage automatique est un sous-ensemble spécifique de l'IA. Nous avons déjà passé un certain temps à le définir dans ce chapitre, mais il s'agit de donner à une machine une boucle de rétroaction qui lui permet d'apprendre par expérience. Le terme "apprentissage automatique" n'existe que depuis les années 80. Ce n'est que récemment, au cours des 10 à 15 dernières années, que nous avons eu la puissance de traitement et de stockage de données nécessaire pour véritablement commencer à mettre en œuvre l'apprentissage automatique à l'échelle.

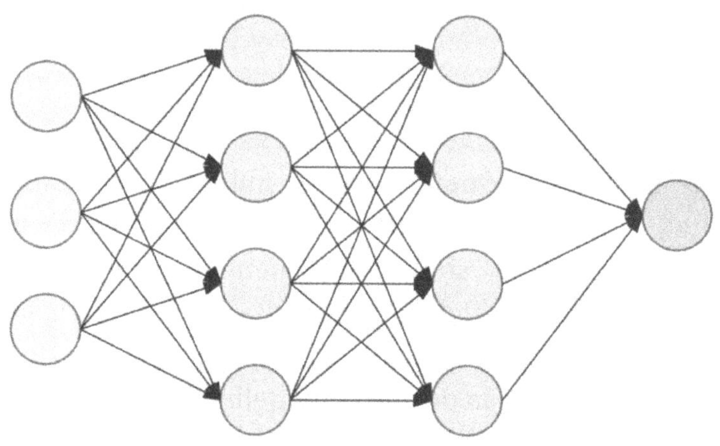



Les réseaux neuronaux sont un sous-ensemble de l'apprentissage automatique, et ils constituent la tendance la plus forte de l'industrie en ce moment. Un réseau neuronal se compose de nombreux nœuds qui travaillent ensemble pour produire une réponse. Chacun des nœuds les plus bas a une fonction spécifique. Par exemple, en regardant une image, les nœuds de bas niveau peuvent identifier des couleurs ou des lignes spécifiques. Plus tard, ces nœuds peuvent regrouper les lignes en formes, mesurer les distances ou rechercher la densité des couleurs. Chacun de ces nœuds est ensuite pondéré en fonction de son impact sur la réponse finale. Au début, le réseau neuronal fera beaucoup d'erreurs, mais au cours de nombreux essais, il mettra à jour la pondération de chaque nœud en vue d'en améliorer la recherche de la bonne réponse.

Maintenant, lorsque vous lirez un article sur l'IA, l'apprentissage automatique ou les réseaux neuronaux, vous comprendrez la différence. L'essentiel est de comprendre qu'il s'agit de sous-ensembles. Les réseaux neuronaux ne sont qu'un type d'apprentissage automatique qui, à son tour, n'est qu'une partie de l'intelligence artificielle.

## CONCEPTS DE BASE

L'apprentissage automatique peut se déployer dans de nombreux cas d'utilisation. Tant qu'il y a des données importantes à analyser, l'apprentissage automatique peut contribuer à leur donner un sens. En tant que tel, chaque projet d'apprentissage automatique se veut différent. Cependant, toute application d'apprentissage automatique comporte cinq parties essentielles :

# 1. LE PROBLÈME

L'apprentissage automatique est utile partout où il faut reconnaître des modèles et prévoir un comportement en fonction de données historiques. La reconnaissance de modèles peut aller de la reconnaissance de caractères à la maintenance prédictive, en passant par la recommandation de produits aux clients sur la base d'achats antérieurs.

Cependant, l'ordinateur ne comprend pas intrinsèquement les données ou le problème. Au lieu de cela, un spécialiste des données doit apprendre à l'ordinateur ce qu'il doit rechercher en utilisant un retour d'information approprié. Si le spécialiste des données ne définit pas bien le problème, même le meilleur algorithme formé sur le plus grand ensemble de données ne pourra jamais donner les résultats que vous attendez.

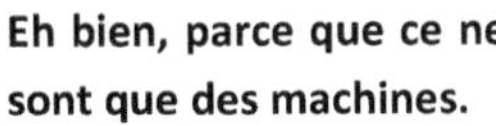

Il est clair que l'apprentissage automatique n'est pas encore bien adapté au raisonnement symbolique de haut niveau. Par exemple, un algorithme peut être capable d'identifier un panier, des œufs colorés et un champ, mais il ne pourrait pas dire s'il s'agit d'une chasse aux œufs de Pâques, comme le feraient la plupart des humains.

Généralement, les projets d'apprentissage automatique ont un problème très spécifique et très restreint auquel ils trouvent une réponse. Un problème différent nécessitera une nouvelle approche et éventuellement un algorithme différent.

## 2. *LES DONNEES*

L'apprentissage automatique est possible à l'échelle en raison de la quantité de données que nous avons commencé à collecter ces dernières années. Cette grande révolution des données est la clé qui a permis de débloquer l'apprentissage d'algorithmes complexes. Les données sont au cœur de la mise au point d'un algorithme d'apprentissage automatique pour donner la bonne réponse.

Les données étant si essentielles à l'apprentissage automatique, les résultats qu'elles produisent sont le reflet direct des entrées saisies. Si les données sont biaisées, l'algorithme d'apprentissage automatique apprendra à être biaisé. Par exemple, les prédicteurs d'embauche des candidats, les recommandations des tribunaux en matière de peines et les diagnostics médicaux utilisent tous l'apprentissage automatique, et ils ont tous un certain niveau de préjugé culturel, de sexe, de race, d'éducation ou autre, intégré dans les ensembles de données qui les constituent.

Les préjugés vont au-delà de la collecte de données. Parfois, les données induisent un algorithme en erreur d'une autre manière. Prenons le cas d'un modèle d'apprentissage de machine militaire formé à la recherche de chars camouflés dans une forêt. Les spécialistes des données ont formé l'algorithme sur un ensemble d'images, dont certaines montraient des chars dans les arbres et d'autres des arbres seuls. Suite à l'entraînement, le modèle a obtenu une précision presque parfaite lors des tests effectués par les scientifiques. Cependant, lorsque le modèle est entré en production, il n'a pas du tout été capable d'identifier les réservoirs. Il s'avère que dans le jeu de données de l'entraînement, les photos des chars ont été prises par une journée ensoleillée, alors que les photos de la forêt seule ont été prises par une journée nuageuse. L'algorithme avait appris à distinguer les jours ensoleillés des jours nuageux, et non les chars !

Aucun ensemble de données n'est parfait, mais nous pouvons prendre des précautions pour rendre les données moins biaisées. Les principales précautions proviennent des statistiques. Dans la mesure du possible, les données doivent être un échantillon aléatoire de la population cible. La taille de l'échantillon doit être suffisamment importante pour que vous puissiez tirer des conclusions significatives des résultats avec un niveau de certitude élevé. Les données doivent être étiquetées avec précision et nettoyées des points de données erronés/existants qui pourraient induire l'algorithme en erreur.

Nous avons un chapitre entier à venir sur les données, où nous allons explorer ces questions plus en profondeur.

*3. LES ALGORITHMES*

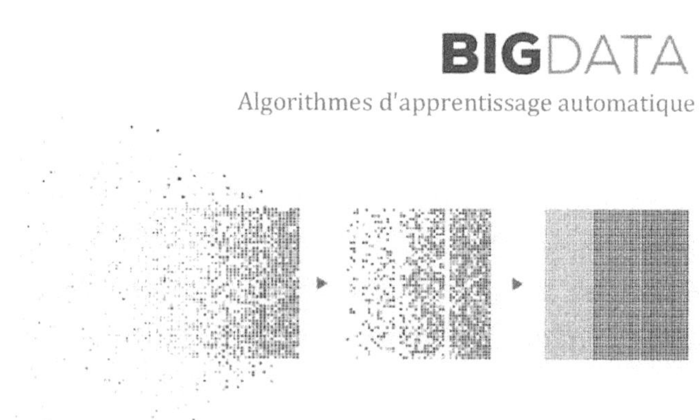

Les algorithmes sont la principale composante à laquelle l'on pense lorsqu'il est fait référence à l'apprentissage automatique. Il s'agit du code réel qui indique à l'ordinateur ce qu'il doit rechercher et comment ajuster sa pondération des réponses possibles en fonction des réponses qu'il reçoit.

Il existe de nombreux algorithmes d'apprentissage automatique bien établis à ce stade. Beaucoup d'entre eux sont préchargés dans des bibliothèques de codage de données scientifiques populaires. Pour créer un modèle d'apprentissage automatique de base, il suffit de tester plusieurs algorithmes pré-créés pour voir lequel correspond le mieux aux données. Chaque modèle a ses propres forces, ses propres faiblesses, sa propre architecture et son approche unique de la pondération des résultats.

Si vous êtes un programmeur qui lit ce livre et si vous avez l'intention de vous lancer dans l'apprentissage automatique, ne faites pas l'erreur d'écrire des algorithmes à partir de zéro. En fin de compte, oui, tout bon expert en apprentissage automatique devra savoir comment écrire un algorithme. Cependant, les algorithmes disponibles sur le marché sont en train de devenir des standards industriels et ils fonctionnent dans plus de 80 % des cas d'utilisation.

L'écriture d'un algorithme à partir de zéro nécessite des compétences importantes en mathématiques, en théorie et en codage. Nous consacrerons également un chapitre entier aux algorithmes et à leur fonctionnement. Il suffit de dire que les algorithmes sont la clé d'un modèle d'apprentissage de la machine qui fonctionne.

### 4. *LA FORMATION*

L'apprentissage d'un algorithme sur un ensemble de données est le lieu où s'opère la magie dans l'apprentissage automatique. C'est la partie où la machine apprend réellement. C'est aussi le moment où l'apprentissage automatique peut devenir gourmand en termes de ressources. Si vous essayez de faire quelque chose de complexe ou de former un algorithme sur un énorme ensemble de données, cela peut prendre du temps et exiger une impressionnante puissance de calcul pour obtenir les résultats que vous recherchez.

La formation s'accompagne aussi généralement de rendements décroissants. Pour une tâche donnée avec une réponse oui/non par exemple, vous pouvez probablement atteindre une précision de 80% avec une petite formation. Pour atteindre 90 %, il faudrait beaucoup plus de temps de formation. 95 % encore plus longtemps, et chaque pourcentage supplémentaire de précision du modèle que vous souhaitez est d'autant plus important que vous aurez besoin de formation (et de données de formation). Cette mise au point de l'algorithme pour la précision est une partie importante du travail d'un spécialiste des données.

Généralement, la formation à l'apprentissage automatique est statique, ce qui signifie que vous ne pouvez pas former le modèle en temps réel. En clair, le modèle est soit en formation, soit en production. Si on l'utilise davantage en production, le modèle ne s'améliore pas. Si vous voulez améliorer le modèle, vous devrez le recycler séparément.

Cependant, il est possible de former un modèle de façon dynamique. Ces applications sont beaucoup plus difficiles et coûteuses à mettre en œuvre. Elles exigent également que vous surveilliez étroitement les données en temps réel que l'algorithme reçoit. L'avantage, bien sûr, est que ce modèle reste réactif aux données entrantes et ne se démode pas avec le temps.

Un autre défi est que pendant la phase de formation, l'algorithme recherche la corrélation, et non la causalité. Le détecteur de camouflage des chars militaires, que j'ai mentionné plus haut, en est un bon exemple. L'algorithme a constaté que les jours nuageux pouvaient donner un bon résultat. La formation apprend à l'algorithme à rechercher le bon résultat, même au détriment des bonnes raisons. Cela est parfait lorsque l'apprentissage automatique met en évidence une variable qui soit en corrélation pour corriger des résultats que nous n'avions pas pensé à chercher auparavant. Cela devient problématique lorsque cette corrélation s'avère un faux positif d'une sorte ou d'une autre.

Nous aurons également un chapitre entier sur l'apprentissage des algorithmes plus loin dans ce livre.

Ce chapitre-ci n'est qu'un aperçu des concepts de base pour nous aider à démarrer.

## 5. LES RESULTATS

La dernière étape, souvent négligée, de l'apprentissage automatique est la présentation des résultats. L'objectif de l'apprentissage automatique est de produire des données utiles et les mettre au service des êtres humains. Un spécialiste des données doit accomplir un travail considérable pour expliquer le contexte, le problème et la solution d'une application donnée d'apprentissage automatique. En plus de répondre à la question de savoir comment et pourquoi ce modèle fonctionne, les scientifiques devront également présenter les résultats d'une manière qui soit accessible au public final.

Dans le cas du filtre anti-spam de Gmail et dans ce contexte, il s'agit de démontrer la valeur de réduction du spam du filtre d'apprentissage automatique et d'en construire une intégration du modèle dans la plate-forme Gmail. Dans le cas des recommandations de produits Amazon, il d'agit de tester les résultats du modèle dans le monde réel.

Souvent, la préparation et l'utilisation des résultats permettent de découvrir ce qui manquait dans le modèle original. Ainsi, les projets d'apprentissage automatique sont souvent itératifs, ajoutant plus de fonctionnalités et combinant différents modèles au fil du temps pour répondre aux besoins des êtres humains dans le monde réel.

## APPRENTISSAGE AUTOMATIQUE SUPERVISE OU APPRENTISSAGE AUTOMATIQUE NON SUPERVISE

L'apprentissage automatique peut être supervisé, non supervisé ou semi-supervisé. Les différentes catégories dépendent du type de données et de vos objectifs quant à l'utilisation des données que vous utilisez.

**L'Apprentissage automatique supervisé**

L'ordinateur reçoit des exemples d'entrées qu'il utilise pour développer et affiner un algorithme. Cet algorithme est appliqué à de nouvelles données et le résultat est utilisé pour un affinement ultérieur. Par exemple, former un ordinateur à reconnaître des objets similaires en fonction de leur forme

**L'Apprentissage automatique non supervisé**

L'apprentissage machine non supervisé est similaire à l'apprentissage sans professeur. L'ordinateur apprend en explorant les données et en trouvant lui-même la structure et les modèles de données.

## L'Apprentissage automatique supervisé

L'apprentissage supervisé est l'approche la plus couramment utilisée et la mieux comprise de l'apprentissage automatique. Elle implique une entrée et une sortie pour chaque élément de votre ensemble de données. Par exemple, une entrée peut être une image et la sortie peut être la réponse à la question "est-ce un chat ?"

Dans le cas de l'apprentissage supervisé, l'algorithme a besoin d'un ensemble de données d'apprentissage comportant les bonnes réponses pour apprendre. Ces étiquettes font office d'enseignant supervisant l'apprentissage. Lorsque l'algorithme fait des suppositions sur la présence ou non d'un chat dans l'image, les commentaires de l'enseignant (les étiquettes) aideront le modèle à s'accorder. Le modèle s'arrête d'apprendre lorsqu'il atteint un niveau de précision acceptable ou lorsqu'il n'y a plus de données de formation étiquetées.

L'apprentissage supervisé est idéal pour les tâches où le modèle doit prévoir les résultats. Ces problèmes de prédiction peuvent impliquer l'utilisation de statistiques pour deviner une valeur (par exemple 20 kg, 1 498 $, 0,08 cm) ou la catégorisation des données en fonction des classifications données (par exemple "chat", "vert", "heureux").

*L'APPRENTISSAGE AUTOMATIQUE NON SUPERVISE*

Nous utilisons le terme "apprentissage non supervisé" lorsque l'ensemble des données de formation ne comporte pas d'étiquettes avec une réponse exacte. Nous laissons plutôt l'algorithme tirer ses propres conclusions en le comparant aux données. L'objectif est de découvrir quelque chose sur la structure ou la distribution sous-jacente de l'ensemble de données.

L'apprentissage non supervisé peut être utilisé pour regrouper des problèmes, lorsque les données doivent être organisées en groupes similaires. Nous pouvons également l'utiliser pour des questions d'association afin de découvrir les variables qui sont en corrélation les unes avec les autres.



## Apprentissage semi-supervisé

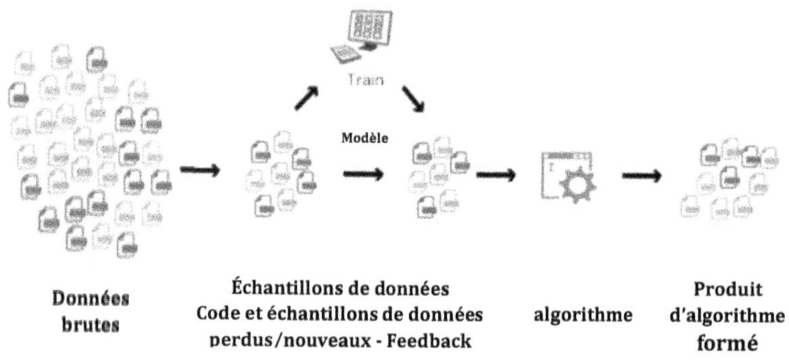



Dans de nombreux cas, seule une partie de l'ensemble des données est étiquetée, et c'est là qu'intervient l'apprentissage semi-structuré. Lorsqu'une majorité de l'ensemble des données n'est pas étiquetée, généralement en raison du coût de main d'œuvre pour étiqueter les données, nous pouvons toujours utiliser une combinaison de techniques supervisées et non supervisées pour tirer des conclusions à partir des données.

L'apprentissage non supervisé peut nous aider dans la structure et la distribution de l'ensemble de données. Ensuite, nous pouvons utiliser les quelques étiquettes dont nous disposons comme données de formation supervisée. Si nous utilisons ces données sur le reste de l'ensemble de données, nous pourrions éventuellement utiliser les résultats comme données de formation elles-mêmes pour un nouveau modèle.

## QUELS SONT LES PROBLÈMES QUE L'APPRENTISSAGE AUTOMATIQUE PEUT RÉSOUDRE ?

Examinons quelques exemples de problèmes que l'apprentissage automatique peut résoudre :

- Les clients qui ont acheté x, sont susceptibles d'acheter y ;
- Détection de la fraude sur la base de données historiques ;
- Prévision des stocks et commerce automatisé;
- Identification des maladies dans l'imagerie médicale ;
- Reconnaissance vocale pour les commandes vocales ;
- Prévision des notes de dégustation des vins sur la base des données relatives à la production de vin et au climat ;
- Prévision des goûts en matière de musique ou d'émissions de télévision (Spotify, Netflix) ;
- La chimie combinatoire pour créer de nouveaux produits pharmaceutiques ;
- Diagnostic d'entretien des avions ;
- Détermination des émotions et escalade des incidents lors des appels au service clientèle ;

- Voitures automobile (reconnaissance d'objets sur la route);
- Reconnaissance faciale ;
- Marketing et publicité microciblés basés sur la démographie ;
- Prévisions météorologiques basées sur les modèles antérieurs.

Fondamentalement, toute application qui implique la classification, la prédiction ou la détection d'anomalies basées sur un large ensemble de données est une utilisation potentielle pour l'apprentissage automatique. L'apprentissage automatique pénètre rapidement tous les aspects de notre vie et, dans les années à venir, il sera une technologie fondamentale de la société, à l'instar de l'Internet actuellement.

## LA BOÎTE NOIRE: CE QUE NOUS NE SAVONS PAS SUR L'APPRENTISSAGE MACHINE

Si vous vous documentez sur l'apprentissage automatique, en particulier sur les réseaux neuronaux et l'apprentissage approfondi, vous verrez probablement des références à l'apprentissage automatique comme étant un modèle de "boîte noire". Par "boîtes noires", nous voulons dire que les rouages internes du modèle ne sont pas exactement clairs. Par exemple, le cerveau humain est un décideur de la boîte noire (du moins à ce moment de l'histoire). Nous savons que certaines parties du cerveau sont responsables de certaines fonctions de la vie. Cependant, nous ne comprenons pas vraiment comment le cerveau traite les entrées et envoie des signaux pour créer des pensées et des actions (sorties).

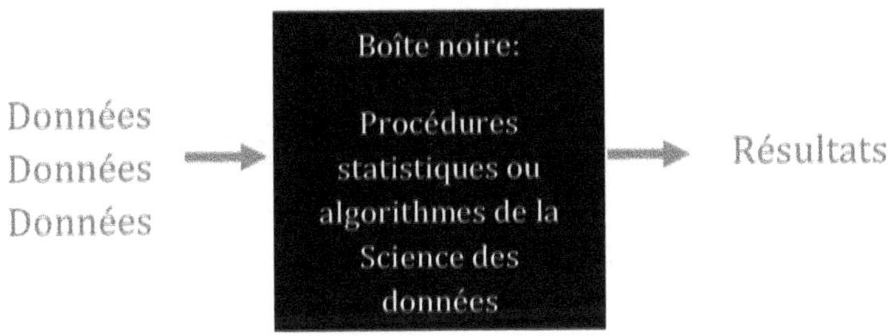


Une complexité similaire s'applique à certains algorithmes d'apprentissage automatique, en particulier ceux qui impliquent plusieurs couches de nœuds neuronaux ou des relations complexes entre de nombreuses variables. Il peut être difficile d'expliquer, à la manière d'un être humain, ce que fait l'algorithme et pourquoi il fonctionne.

Bien sûr, cette terminologie dite de la Boîte noire est quelque peu inappropriée dans le domaine de l'apprentissage automatique. Nous pouvons, en effet, comprendre l'architecture, les modèles et les poids des différents nœuds d'un algorithme. Nous pouvons donc regarder à l'intérieur de cette boîte noire. Cependant, pour nous en tant qu'êtres humains, ce que nous y trouvons pourrait ne pas avoir de sens rationnel.

Même les plus grands experts du monde ne peuvent pas expliquer pourquoi un modèle d'apprentissage automatique a pondéré et combiné divers facteurs comme il l'a fait, et à bien des égards, il dépend fortement de l'ensemble de données sur lequel le modèle a été formé. Il est possible qu'un algorithme formé sur un ensemble de données d'apprentissage différent puisse créer un modèle complètement différent qui génère toujours des résultats similaires.

Pour clarifier les choses, il est utile de considérer les algorithmes d'apprentissage automatique (dans les scénarios d'apprentissage supervisé) comme la recherche d'une fonction telle que f(entrée) = sortie. Lorsque nous utilisons l'apprentissage automatique pour modéliser cette fonction, ladite fonction est généralement désordonnée, complexe, et nous pouvons ne pas en comprendre entièrement toutes les propriétés pertinentes. L'apprentissage automatique nous permet de dire exactement quelle est la fonction dont il s'agit, mais nous pouvons ne pas être en mesure de comprendre ce que fait la fonction ni pourquoi elle le fait.

En ce sens, les modèles d'apprentissage automatique peuvent avoir des problèmes de boîte noire lorsqu'ils sont trop complexes pour être compris. Mais tout le domaine de l'apprentissage automatique n'est pas forcément une boîte noire.

Pourtant, le fait que nous ne puissions parfois pas comprendre et expliquer les résultats de l'apprentissage automatique est troublant. Alors que l'adoption de cette technologie se développe, l'apprentissage automatique entre dans des parties de notre vie qui ont des conséquences profondes et durables. Lorsqu'une boîte noire prédit des plans de traitement de certaines maladies, lorsqu'elle fait fonctionner le pilote automatique d'un avion ou détermine des peines de prison, voulons-nous vraiment comprendre comment ces décisions sont prises ? Ou faisons-nous confiance aux machines et aux scientifiques qui se cachent derrière les algorithmes pour veiller à nos intérêts ?

Il s'agit d'un débat permanent au cœur de la révolution de l'apprentissage automatique. D'une part, faire confiance aux algorithmes et aux modèles pourrait permettre de sauver des vies, d'accroître la prospérité et de réaliser des progrès scientifiques. Cependant, le compromis en matière de transparence se veut réel. Nous ne pourrons pas dire de façon définitive pourquoi nos prévisions sont correctes, mais seulement que l'algorithme estime qu'il y a 97,2 % de chances qu'elles le soient.

Je n'ai pas de réponse qui permette de clore ce débat. Vous devrez plutôt vous forger votre propre opinion en vous fondant sur les avantages et les inconvénients que vous percevez dans l'apprentissage automatique tout au long de ce livre et d'autres lectures. Si ce problème vous intéresse, je vous recommande l'article *“The Dark Secret at the Heart of AI”* de la revue technologique du MIT (disponible en ligne) pour en savoir davantage.

## ALLONS PLUS LOIN

Nous espérons que ce chapitre a donné un aperçu général et facile à comprendre de la manière dont tout s'assemble et de ce que l'on peut attendre de chaque aspect de ce chapitre. Dans les chapitres qui vont suivre, nous allons approfondir les rouages de l'apprentissage automatique.

# CHAPITRE 2. LE NETTOYAGE, L'ETIQUETAGE ET LA CONSERVATION DES ENSEMBLES DE DONNEES

Après qu'un spécialiste des données a défini un problème qu'il aimerait résoudre, la première étape de toute aventure d'apprentissage automatique consiste à trouver un ensemble de données avec lequel travailler. Cela peut être plus difficile qu'il n'y paraît de prime abord. Alors que nous vivons certainement à l'ère des grandes données, trouver des données propres, bien étiquetées pour l'apprentissage supervisé avec les variables nécessaires pourrait relever du défi.

Choisir le bon ensemble de données et en disposer de suffisamment de données pour la formation est essentiel pour la réussite d'un projet d'apprentissage automatique. Des données biaisées ou incomplètes peuvent conduire à la création d'un modèle d'apprentissage automatique biaisé ou carrément inutile.

La bonne nouvelle, c'est qu'il y a beaucoup de données potentielles. En général, lorsqu'un chercheur travaille dans une entreprise, celle-ci dispose déjà de certaines données qu'elle veut faire analyser. Ces données d'entreprise peuvent également devoir être reliées à des données provenant de sources publiques.

Par exemple, les images satellite de Landsat sont mises à jour quotidiennement sur Amazon Web Services, et vous pourriez suivre la construction ou la déforestation avec un algorithme d'apprentissage automatique précis. La cartographie gratuite de OpenStreetMap pourrait servir de base d'un problème de cartographie pour les clients. Les données du recensement américain peuvent fournir des informations démographiques sur une région. Vous pouvez trouver des génomes humains séquencés et disponibles pour étudier les variations génétiques. La Deutsche Bank publie des données en temps réel sur les marchés financiers, ce qui pourrait rendre possible un projet d'apprentissage automatique des tendances du marché.

Les projets potentiels ne manquent pas. Mais avant d'utiliser toutes ces données, les scientifiques doivent s'assurer qu'elles répondent à un certain nombre de critères.

## Nettoyage De L'ensemble Des Donnees

Le nettoyage des données est assez simple, cependant si l'on ne supprime pas les mauvaises valeurs, les performances du modèle s'en feront sentir. La première étape du nettoyage d'un ensemble de données consiste à supprimer tous les enregistrements auxquels il manque des variables clés. Ensuite, des méthodes statistiques simples aident les chercheurs à identifier et à supprimer les valeurs aberrantes. Au nombre des informations que les scientifiques suppriment souvent figurent les colonnes multiples qui présentent une forte corrélation. Ils recherchent également les variables pour lesquelles l'ensemble des données présente une variance proche de zéro.

Ce nettoyage de données peut souvent réduire un grand ensemble de données à une fraction de sa taille originale, laquelle est en fait utilisable à des fins d'apprentissage automatique.

## NECESSITE DE TRES GRANDS ENSEMBLES DE DONNEES POUR LE ML

Certains algorithmes simples peuvent être appris sur un petit ensemble de données. Cependant, si vous avez un problème complexe que vous souhaitez résoudre par apprentissage automatique, vous aurez besoin d'un grand ensemble de données de formation. Plusieurs raisons justifient cela.

De petits ensembles de données peuvent fonctionner avec succès pour l'apprentissage automatique lorsque vous utilisez un modèle peu complexe. Cependant, plus vous souhaitez que vos résultats soient nuancés, plus vous risquez de surajuster le modèle aux données. Il y a surajustement lorsque le modèle fait des hypothèses générales basées sur des données limitées. C'est ce qu'on appelle le surajustement parce que le modèle va s'orienter vers des points de données élevés, bas ou même éloignés. La véritable réponse peut se situer quelque part plus près du milieu, mais comme votre ensemble de données était limité, le modèle va biaiser la capture du message et les données de formation au bruit. En fait, le modèle a trop bien appris les données de formation et n'a pas réussi à obtenir une image de portée générale.

Avec plus de données, le modèle peut obtenir des moyennes plus précises et commencer à en effectuer le tri. C'est intuitif, mais comment les scientifiques décident-ils du caractère suffisant d'une quantité de données ?

Eh bien, la réponse se trouve en partie dans les statistiques et en partie dans les ressources informatiques disponibles. Cela dépend également de la complexité de l'algorithme.

## *COURBES D'APPRENTISSAGE*

Lorsque les scientifiques disposent de trop de données, ils utilisent ce qu'on appelle une courbe d'apprentissage pour tracer la précision des prévisions ou la taille de l'ensemble de formation. Par exemple, l'algorithme peut atteindre une précision de 80 % après 100 échantillons d'entraînement et de 90 % après 200 échantillons. Les scientifiques peuvent continuer à suivre cette courbe pour voir où la précision atteint son maximum et combien d'échantillons de données de formation il leur faudra pour y arriver.

La validation croisée est un autre élément à prendre en compte pour déterminer si vous disposez de suffisamment de données. En plus des données de formation, les scientifiques ont mis de côté une partie de l'ensemble de données original pour tester l'efficacité de l'algorithme. Par exemple, un schéma courant est la validation croisée décuplée. L'ensemble de données original est divisé en 10 groupes égaux. Un groupe est mis de côté et les scientifiques forment le modèle en utilisant les neuf autres groupes. Puis, une fois la formation du modèle terminée, ils l'exécutent sur les données qu'ils ont mises de côté pour tester la précision de ses performances.

La validation croisée demande plus de temps car il faut entraîner les modèles puis les exécuter, en comparant souvent plusieurs algorithmes pour voir lequel fonctionne le mieux. Cependant, ce temps supplémentaire en vaut la peine. La validation croisée est essentielle à la construction d'un modèle d'apprentissage automatique réussi, car elle permet aux chercheurs d'identifier et de corriger les erreurs dès le début du processus.

## NECESSITE D'UN BON ETIQUETAGE

Pour l'apprentissage non supervisé, il suffit de disposer d'un bon ensemble de données de grande taille. À partir de là, vous pouvez tirer des conclusions sur les tendances ou les groupes de données. Cependant, les applications d'apprentissage non supervisé sont limitées dans le type de conclusions qu'elles peuvent tirer. Pour la plupart des applications d'apprentissage automatique où vous souhaitez utiliser des variables d'entrée pour prédire un résultat, vous devrez alors effectuer un apprentissage supervisé.

L'apprentissage supervisé nécessite un ensemble de données étiquetées avec les bonnes réponses. Une façon simple d'y penser est que l'algorithme fera une supposition, puis il utilisera l'étiquette pour en vérifier la réponse. S'il obtient la bonne réponse, l'algorithme sait augmenter le poids qu'il donne aux facteurs qui ont contribué à cette bonne réponse. S'il obtient une réponse incorrecte, l'algorithme diminuera ou ajustera le poids qu'il donne aux facteurs qui ont produit cette mauvaise réponse.

Bien entendu, le problème est que la plupart des données ne sont pas étiquetées. Les entreprises et les gouvernements collectent une quantité énorme de données chaque année, mais ces données ne sont pas accompagnées des réponses. (Si c'était le cas, l'apprentissage automatique ou les statistiques prédictives ne serait pas d'une grande utilité). Avant de pouvoir former un algorithme d'apprentissage supervisé, nous devons ajouter des étiquettes aux données brutes afin de les rendre utiles.

Par exemple, un algorithme peut fonctionner en vision par ordinateur et nous en avons besoin pour identifier correctement les panneaux d'arrêt. Nous pouvons avoir un tas d'images, mais nous devons les parcourir et indiquer s'il y a ou non un panneau d'arrêt dans chacune des images.

L'étiquetage des données peut être l'une des parties les plus coûteuses et les plus longues de la formation d'un algorithme d'apprentissage automatique. Il y a également un risque selon lequel un étiquetage médiocre ou inexact peut introduire un biais dans l'ensemble des données de formation et compromettre l'ensemble du projet.

Si les données ne sont pas déjà étiquetées, il y a généralement deux façons d'ajouter ces étiquettes.

### DONNEES ETIQUETEES PAR L'HOMME

Souvent, nous utilisons l'apprentissage automatique pour apprendre aux ordinateurs à effectuer des tâches pour lesquelles nous sommes intuitivement bons. Le cas du panneau stop se veut un bon exemple. Lorsque nous voyons une forme octogonale rouge avec STOP, nous savons ce que nous regardons. Notre cerveau est très doué pour comprendre le contexte. Même si nous ne pouvons pas voir le panneau dans son intégralité, s'il comporte des graffitis ou s'il se trouve à un angle bizarre, nous pouvons toujours identifier un panneau stop lorsque nous en voyons un. Les machines ne peuvent pas le faire intuitivement.

C'est pourquoi l'action de l'homme est la meilleure façon d'étiqueter des ensembles de données. Les scientifiques emploient de vraies personnes physiques pour examiner les données et faire le travail que l'ordinateur finira par apprendre à faire. Il peut s'agir d'identifier des panneaux d'arrêt sur des photos, d'estimer des distances, de lire des mots, de reconnaître des expressions faciales, d'interpréter des cartes ou même de porter des jugements d'ordre esthétique ou éthique. On peut avancer que l'étiquetage des données pourrait être le nouveau travail de col bleu de l'ère de l'IA. La demande d'étiqueteurs sera si importante que chaque nouvelle application de ML nécessite un ensemble de données de formation.

Les étiqueteurs humains sont très doués pour ces tâches. Cependant, comparés aux ordinateurs, ils sont lents. Payer de vraies personnes pour étiqueter des données est également coûteux, voire prohibitif pour certains cas. Comme nous l'avons déjà mentionné plus haut, les humains n'échappent pas non plus aux erreurs. Si un étiqueteur ou un groupe d'étiqueteurs est frappé de biais, alors ce biais apparaîtra probablement dans le modèle final.

Il faut également tenir compte du fait que les humains ne sont pas toujours très doués pour l'étiquetage. Ils peuvent se tromper ou tirer des conclusions hâtives. En tant qu'êtres humains, nous sommes trop confiants dans nos propres opinions, parfois au détriment de la vérité objective. Lorsque nous déployons l'apprentissage automatique dans des cas d'utilisation plus nuancés, ce sont toutes des considérations dont nous devons tenir compte.

Cela dit, les humains sont toujours les meilleurs étiqueteurs de données que nous ayons. Cependant, il y a aujourd'hui des essais pour que les ordinateurs participent également à la partie étiquetage de l'apprentissage automatique.



### *DONNEES SYNTHETIQUES*

Les données synthétiques sont un domaine émergent de l'apprentissage automatique. L'idée de base est d'utiliser un ordinateur pour générer des ensembles de données étiquetées à partir de zéro.

Prenons par exemple le panneau stop dont nous parlions tout à l'heure. Nous pourrions modéliser un panneau d'arrêt dans un environnement 3D CGI. Ensuite, nous pourrions rendre des images de ce panneau d'arrêt CGI dans différents arrière-plans, angles et conditions d'éclairage. L'ensemble de données résultant aurait une grande variation que nous pourrions contrôler. Il serait déjà étiqueté en fonction de l'apparition ou non du panneau d'arrêt dans l'image rendue.

Cette approche est intéressante car elle nous permet de créer très rapidement des ensembles de données complexes. Ces ensembles de données sont pré-étiquetés et formatés pour être introduits dans un algorithme. Nous savons également que les étiquettes sont objectivement correctes. Nous pouvons mesurer diverses variables dans l'ensemble de données synthétiques avec une grande précision.

Bien sûr, il y a aussi des inconvénients. Le plus grand défi est le transfert de domaine. Ces rendus d'images et autres types de données synthétiques doivent être fidèles au monde réel. En fin de compte, l'objectif est d'arriver à faire fonctionner le modèle d'apprentissage automatique dans le monde réel. La crainte est que, si nous l'entraînons sur des données générées par ordinateur, le modèle peut reconnaître les signaux d'arrêt rendus, mais pas les signaux réels. La résolution de ces problèmes de fidélité et de transfert de domaine est un défi majeur pour les partisans des données synthétiques.

Les données synthétiques ne sont pas nécessairement moins chères que les données étiquetées par l'homme. La création d'un ensemble de données synthétiques exige un haut niveau d'expertise. La rémunération de ces experts serait un investissement initial important. Une telle approche n'a probablement de sens que lorsque vous avez besoin de milliers de points de données, car un événement de génération de données synthétiques peut être beaucoup plus facile à mettre à l'échelle que les données humaines.

Enfin, les données synthétiques ne sont pas utiles pour les étiquettes qui sont intrinsèquement humaines, comme l'esthétique ou l'éthique. En fin de compte, pour l'apprentissage supervisé, nous finirons probablement par avoir une combinaison de données synthétiques et de données étiquetées par l'homme.

49

de données étiquetées par l'homme.

# CHAPITRE 3. CHOISIR OU ECRIRE UN ALGORITHME ML

Ce chapitre pourrait très vite devenir très désordonné et confus. C'est parce que les algorithmes d'apprentissage automatique reposent sur des statistiques et des mathématiques complexes pour obtenir leurs résultats. Pour vraiment comprendre les algorithmes ML, vous devez étudier l'apprentissage supervisé/non supervisé, l'analyse des données topologiques, les méthodes d'optimisation, les stratégies de réduction de la dimension, la géométrie différentielle de calcul et les équations différentielles. Cependant, en raison de ce que ce livre est destiné aux débutants et que je ne suis en aucun cas un expert en algorithmes ML, je vais éviter les mathématiques et faire de mon mieux pour les expliquer de manière simple.

Il existe des programmes entiers de Doctorat sur les algorithmes d'apprentissage automatique. Vous pourriez passer des années à devenir un expert dans ce domaine, il n'y a donc pas moyen que je puisse expliquer tout cela dans un chapitre d'un livre de toute façon. Cela dit, si le contenu de ce chapitre vous intéresse, obtenir un doctorat en apprentissage automatique pourrait vous être très bénéfique. Les entreprises technologiques recrutent des docteurs et leur offrent des salaires de 300 à 600 000 dollars pour écrire les algorithmes des nouvelles et meilleures applications d'apprentissage automatique.

Je n'ai pas de Doctorat en apprentissage automatique, et si vous lisez ce livre, vous êtes probablement un débutant en matière de concepts. Voyons donc les fonctions les plus fondamentales d'un algorithme d'apprentissage automatique, sans entrer dans les mathématiques.

## CONCEPTS DE BASE

Nous avons déjà abordé les principes fondamentaux du fonctionnement de l'apprentissage automatique. Maintenant, approfondissons un peu plus ce qu'un algorithme fait exactement avec les données. Chaque algorithme est différent, mais les algorithmes ont des points communs:

- Entrées - Tous les algorithmes ont besoin d'une sorte de données d'entrée. Dans les applications de la science des données, cela peut n'être qu'une seule variable. Mais il est plus probable que le modèle apprenne la relation entre des dizaines, des centaines, voire des milliers de variables à tout moment.

  Pour des applications plus complexes, comme la vision par ordinateur, nous avons besoin de moyens pour transformer les informations visuelles en variables que l'ordinateur peut comprendre. Il existe différentes approches en fonction du contexte et du problème que vous essayez de résoudre. Il va sans dire que, avant même que la machine n'apprenne quoi que ce soit, la simple entrée des données dans un algorithme peut s'avérer problématique.

Le choix ou la création d'un algorithme dépend fortement du contexte et des données dont vous disposez pour l'alimenter.

- Vecteurs de sortie - À la fin de tout projet d'apprentissage automatique, vous devez avoir un certain type de sortie. Cependant, il n'est pas toujours évident de savoir exactement de quelles données vous aurez besoin pour satisfaire votre projet. Le choix des vecteurs de sortie peut être plus compliqué qu'il n'y paraît de prime abord.

- À l'évidence, pour de nombreux projets, les résultats seront évidents en fonction de vos objectifs. Néanmoins, comme l'apprentissage automatique entre dans des domaines plus nuancés et ambigus, choisir et coordonner les résultats peut être une tâche en soi. Vous ne pouvez pas choisir le bon algorithme pour votre projet si vous n'avez pas une idée claire du résultat attendu.

- Ajustement - Les algorithmes d'apprentissage automatique utilisent des boucles de rétroaction pour ajuster un modèle aux données. Cela peut se faire de différentes manières. Parfois, un algorithme essaiera une combinaison aléatoire de facteurs jusqu'à ce que l'un d'entre eux commence à fonctionner, et cette combinaison recevra un poids plus important dans les futurs tests de formation. Parfois, l'algorithme intègre une méthode pour trouver et ajuster une tendance dans les données qui s'ajuste progressivement au fil du temps.

- C'est à ce niveau que les scientifiques doivent faire preuve de prudence. Parfois, un algorithme apprend à trop bien ajuster ses données de formation. En d'autres termes, le modèle est devenu trop spécifique aux données sur lesquelles il a été formé et ne prédit plus les tendances générales ni les classifications dans le monde réel. En fait, l'algorithme a trop bien appris ses données de formation. C'est ce qu'on appelle le "sur-ajustement" et c'est un concept important à comprendre dans l'apprentissage automatique. Lorsque les scientifiques forment des modèles, ils doivent s'assurer que leurs modèles ne sont pas trop précis entre les prédictions spécifiques et la précision générale.

- Les scientifiques des données passent beaucoup de temps à réfléchir et à ajuster leurs algorithmes afin d'atténuer le suréquipement. Cependant, ils testent également plusieurs algorithmes à la fois, côte à côte, pour voir lesquels fonctionnent le mieux après la formation.

- Comprendre comment l'algorithme s'ajuste au fil du temps en réponse aux données de formation est une partie essentielle du choix ou de l'écriture d'un algorithme. Ces boucles de rétroaction sont souvent le lieu où les mathématiques complexes entrent en jeu pour aider l'algorithme à décider quels sont les facteurs qui ont contribué à son succès et qui devraient donc être plus lourdement pondérés. Ces boucles aident également l'algorithme à déterminer dans quelle mesure il faut augmenter ou diminuer le poids d'un facteur contributif.

## TYPES D'ALGORITHMES POPULAIRES

Bon, nous avons donc fait un tour d'horizon général du fonctionnement d'un algorithme. Examinons à présent quelques-uns des algorithmes les plus populaires pour obtenir des détails plus spécifiques sur le fonctionnement de chacun d'entre eux.

Il s'agit d'un algorithme simple qui s'appuie sur les concepts enseignés dans la plupart des cours de statistiques 101. La régression linéaire est le défi d'ajuster une ligne droite à un ensemble de points. Cette ligne essaie de prédire la tendance générale d'un ensemble de données et vous pouvez l'utiliser pour faire une prédiction de probabilité pour de nouveaux points de données.

Il existe plusieurs approches de la régression linéaire, mais chacune d'entre elles est axée sur la recherche de l'équation d'une ligne droite qui correspond aux données de formation. Au fur et à mesure que vous ajoutez des données de formation, la ligne s'ajuste pour minimiser la distance de tous les points de données. Ainsi, la régression linéaire fonctionne mieux sur de très grands ensembles de données.

Il s'agit d'un type d'algorithme assez simple, mais l'une des maximes clés de l'apprentissage automatique est de ne pas utiliser un algorithme complexe si un algorithme simple fonctionne tout aussi bien.

## *REGRESSION LOGISTIQUE*

Si la régression linéaire était une ligne droite sur un plan 2D, la régression logistique est son grand frère qui utilise des lignes courbes sur une zone multidimensionnelle. Elle est beaucoup plus puissante que la régression linéaire, mais elle est également plus complexe.

La régression logistique peut traiter plus d'une variable explicative. C'est un algorithme de classification, et ses sorties sont binaires (une échelle de 0 à 1). Par conséquent, elle modélise la probabilité (par exemple ".887" ou ".051") que l'entrée fasse partie d'une classification donnée. Si vous l'appliquez à plusieurs classifications, vous obtiendrez la probabilité que le point de données appartienne à chaque classe. En cartographiant ces probabilités, vous obtenez une courbe non linéaire multiplanaire appelée "sigmoïde". La régression logistique est l'algorithme le plus simple pour les applications non linéaires.



Si vous avez vu un organigramme, vous comprenez alors l'idée de base d'un arbre de décision. L'arbre définit un ensemble de critères, si le premier critère est un "oui", alors l'algorithme se déplace le long de l'arbre dans la direction du "oui". Si le premier critère est un "non", l'algorithme se déplace dans l'autre sens. Les algorithmes de l'arbre de décision affinent les critères et les réponses possibles jusqu'à ce qu'ils donnent une bonne réponse de manière cohérente.

Dans l'apprentissage automatique moderne, il est rare de voir un seul arbre de décision. Les arbres de décision sont souvent simultanément intégrés à d'autres arbres pour construire des algorithmes pour une prise de décision efficace.



*LA FORET ALEATOIRE*

La forêt aléatoire est un type d'algorithme qui combine plusieurs arbres de décision. Elle introduit le concept d'''apprenant faible'' dans l'algorithme. Fondamentalement, un apprenant faible est un prédicteur qui fonctionne mal par lui-même, mais lorsqu'il est utilisé de concert avec d'autres apprenants faibles, la sagesse des foules produit un bon résultat.

Les arbres de décision mis en œuvre de manière aléatoire sont les apprenants faibles dans une forêt aléatoire. Chaque arbre de décision apprend dans le cadre de l'implémentation de l'algorithme. Cependant, un prédicteur global fort consiste également à apprendre à combiner les résultats des différents arbres.

## L'ALGORITHME D'APPRENTISSAGE K-MEANS CLUSTERING

Il s'agit d'un algorithme d'apprentissage non supervisé qui tente de regrouper les données en un nombre k de grappes. Bien qu'il ne soit pas supervisé, le spécialiste des données doit fournir une orientation dès le départ. Il définira des images ou des points de données qui devraient être au centre de chaque groupe. En d'autres termes, des points de données qui sont l'archétype de ce que représente la grappe. Au cours de la formation, toutes les images ou points de données sont associés à la grappe la plus proche. Finalement, ces points de données convergent avec leurs grappes appropriées.

Il existe d'autres méthodes plus rapides ou plus optimisées pour la mise en grappes non supervisée. Cependant, la méthode K reste populaire parce qu'elle est bien établie, bien documentée et généralement efficace.

### K-LES VOISINS LES PLUS PROCHES

K-Nearest Neighbors (KNN) est un algorithme de classification. Il partage certaines similarités avec le K-Means clustering, mais il est fondamentalement différent car il s'agit d'un algorithme d'apprentissage supervisé alors que K-Means est non supervisé. D'où la légère différence de terminologie entre le groupage et la classification. KNN est formé en utilisant des données étiquetées afin de pouvoir étiqueter les données futures. K-Means ne peut que tenter de regrouper des points de données.

KNN compare les nouveaux points de données aux points de données existants à partir de l'ensemble de données étiquetées de formation. Il recherche ensuite les "voisins les plus proches" de ces nouvelles données et associe leurs étiquettes.

L'analyse des composantes principales (ACP) réduit un ensemble de données à ses principales tendances. Il s'agit d'un algorithme non supervisé que vous utiliseriez sur un très grand ensemble de données pour en comprendre les données en termes plus simples. Elle réduit les dimensions de vos données. Cependant, elle met également l'accent sur les grandes variations entre les dimensions (ou les composantes principales) afin de ne pas perdre le comportement de l'ensemble de données original.

## CE QU'IL FAUT POUR ECRIRE UN NOUVEL ALGORITHME

Nous avons couvert quelques-uns des principaux algorithmes et il y en a plusieurs autres qui constituent le cœur de la théorie de l'apprentissage automatique. Mais au-delà de ces algorithmes de base, il est rare que quelqu'un invente quelque chose de vraiment nouveau. En général, les nouveaux algorithmes sont des améliorations des théories existantes. Ou bien, ils adaptent un algorithme pour l'utiliser dans un nouveau scénario.

Si les nouveaux algorithmes sont rarement inventés, c'est en partie parce que la procédure en est vraiment difficile. La création d'un algorithme exige une bonne maîtrise des mathématiques complexes. Il faut aussi faire ses preuves et conduire des tests approfondis. En outre, les algorithmes les plus simples et les plus évidents ont déjà été inventés.

Mais ce n'est pas tout. Les bons algorithmes sont à la fois efficaces et performants, une combinaison délicate à effectuer. L'apprentissage automatique est un problème de calcul avec des milliers de points de données autant qu'un problème de mathématiques. Le débogage des algorithmes peut également être très difficile, car il n'est pas évident de savoir l'endroit où les choses ont mal tourné.

Dans la mesure du possible, un projet d'apprentissage automatique doit appliquer des algorithmes existants testés et révisés. Coder vos propres algorithmes à partir de zéro ou bricoler une approche hybride sera mal perçu car cela peut induire des erreurs, ralentir les résultats ou être bogué.

Parfois, les développeurs et les spécialistes des données devront peaufiner ou mettre en œuvre un algorithme existant dans un nouveau contexte. Ou peut-être qu'un algorithme existant n'est pas assez rapide pour une application souhaitée. Cependant, la plupart des applications d'apprentissage automatique peuvent utiliser efficacement les algorithmes et bibliothèques existants sans avoir à coder à partir de zéro.

# CHAPITRE 4. FORMATION ET DEPLOIEMENT D'UN ALGORITHME

C'est l'étape où se produit l'apprentissage automatique proprement dit. Après avoir préparé l'ensemble de données, les scientifiques sélectionnent plusieurs algorithmes similaires qui, selon eux, pourraient permettre d'accomplir la tâche en question. Le défi consiste désormais à former ces algorithmes sur l'ensemble de données et à comparer les résultats.

Souvent, il est difficile de savoir quel algorithme fonctionnera le mieux pour une application d'apprentissage automatique avant de commencer. C'est pourquoi la meilleure pratique consiste à former plusieurs algorithmes au départ, à en sélectionner un ou quelques-uns qui fonctionnent le mieux, puis à les régler jusqu'à ce que vous en obteniez un modèle qui fonctionne le mieux pour vos besoins.

Quand on dit "meilleur", cela peut vouloir dire plusieurs choses. Bien sûr, nous voulons que le modèle fasse des prédictions précises, donc la précision est un élément important. Cependant, si le modèle nécessite beaucoup de ressources ou de temps pour obtenir ces résultats, il peut être plus judicieux de choisir un algorithme plus simple. Nous obtiendrons des résultats un peu moins précis, mais ils viendront beaucoup plus rapidement.

# LA PROGRAMMATION NECESSAIRE

L'apprentissage automatique se situe à l'intersection de la statistique, du calcul et de l'informatique. Puisque nous avons affaire à des machines, nous allons naturellement devoir écrire des instructions d'apprentissage automatique dans un langage de programmation. Avec l'intérêt croissant pour le ML, il devient rapidement un domaine de croissance énorme pour les nouveaux développeurs de logiciels. Les compétences en matière d'apprentissage automatique sont très précieuses.

Jusqu'à présent, nous n'avons pas parlé des langages de programmation ni des approches que les développeurs utilisent pour coder et créer leurs applications d'apprentissage automatique. Cette section ne sera qu'un bref aperçu des principaux acteurs.

Python est de loin le langage le plus populaire pour la création d'applications d'apprentissage automatique. C'est également le langage le plus utilisé dans les enquêtes auprès des développeurs sur l'apprentissage automatique. Une grande partie du succès de Python repose sur sa simplicité par rapport aux autres langages de programmation. De plus, la bibliothèque Open source d'algorithmes d'apprentissage automatique de Google, TensorFlow, est basée sur Python. Les ressources et la communauté sont fortes pour les applications d'apprentissage automatique construites en Python.

Java et C/C++ viennent après Python avec une grande marge de popularité. Ce sont des langages plus anciens, et ils permettent une optimisation de niveau inférieur de l'environnement dans lequel l'algorithme sera exécuté. Java et C/C++ sont utilisés dans de nombreuses applications, et pas uniquement pour l'apprentissage automatique. Cela signifie qu'il y a beaucoup de développeurs qui comprennent ces langages. Il existe quelques bibliothèques d'apprentissage automatique pour ces langages, mais rien de comparable à l'ampleur de TensorFlow.

R est un autre langage de programmation qui entre souvent dans la conversation de l'apprentissage automatique. C'est un langage spécialisé conçu pour les applications de la science des données. Si R a certainement sa place dans l'apprentissage automatique, il est rare qu'un projet choisisse R comme langage principal ou langage préféré. Il s'agit plutôt d'un langage complémentaire à ceux énumérés ci-dessus.

Bien sûr, il est possible d'écrire du code d'apprentissage automatique dans de nombreux langages différents. Il existe d'autres langages spécialisés dans des domaines de la statistique, de la science des données ou de la modélisation. Julia, Scala, Ruby, Octave, MATLAB et SAS sont autant d'options qui se présentent parfois dans les projets d'apprentissage automatique. Toutefois, ces langages sont l'exception qui confirme la règle.

# Statique ou dynamique

Une fois que vous avez choisi un langage de programmation et installé une bibliothèque pour vous aider à mettre en œuvre les algorithmes que vous voulez exécuter, vous êtes prêt à commencer à former vos algorithmes.

Il existe deux types de formation à l'apprentissage automatique. Le premier est une formation statique qui reçoit une formation hors ligne et qui est ensuite achevée jusqu'à ce que les scientifiques des données lancent une nouvelle session de formation. Le second type de formation est une formation dynamique où le modèle continue à apprendre en production, indéfiniment.

Les modèles statiques sont beaucoup plus faciles à construire. Ils sont également plus faciles à tester pour en vérifier la précision et ont tendance à rencontrer moins de problèmes lors du déploiement. Si vos données ne changent pas au fil du temps, ou si elles changent très lentement, un modèle statique est la solution idéale car il est moins cher et plus facile à entretenir.

Les modèles dynamiques sont beaucoup plus exigeants à mettre en œuvre. Ils nécessitent également une surveillance constante des données entrant pour s'assurer qu'elles ne faussent pas le modèle de manière inappropriée. Les modèles dynamiques s'adaptant à l'évolution des données, ils sont bien plus efficaces en termes de prévision, notamment la bourse des valeurs ou la météo, ces domaines où les modèles sont constamment en mouvement.

## INGENIERIE DU REGLAGE ET DES FONCTIONNALITES

Le travail d'un spécialiste des données ne se limite pas à choisir une poignée d'algorithmes et à les faire fonctionner. Afin d'obtenir des performances optimales, le programmateur de l'algorithme doit définir les paramètres d'entrée qui seront saisis dans l'algorithme. Les problèmes d'apprentissage automatique étant souvent complexes, il peut être difficile de décider quels paramètres sont pertinents et combien en inclure.

Le réglage de l'algorithme est l'essai de plusieurs combinaisons de paramètres et de l'affinement de la meilleure combinaison. Il n'y a pas de réponse absolue à cette question. Il s'agit plutôt de faire correspondre l'algorithme au contexte dans lequel il est déployé.

L'ingénierie des caractéristiques est un autre concept lié au réglage. Parfois, comme dans le cas de la reconnaissance d'images, il ne suffit pas d'alimenter un ordinateur avec un flux de données pour qu'il puisse comprendre ce qu'il voit. Alors que l'apprentissage profond et les réseaux neuronaux ont fait des progrès sur le front des ordinateurs en apprenant à partir des images, l'ingénierie des fonctionnalités est un moyen pratique de dire à un ordinateur ce qu'il doit chercher. Vous pouvez concevoir une fonction qui aide l'ordinateur à identifier une ligne droite ou les bordures d'un objet donné. Cette caractéristique étant par vous codé manuellement, il ne s'agit pas techniquement d'un apprentissage automatique, mais la machine sait désormais ce qu'elle doit chercher.

L'ingénierie des caractéristiques peut accroître considérablement les performances.

## SE DEBARRASSER D'UN ALGORITHME

Si tout se passe bien, le résultat que vous obtiendrez est un modèle qui a appris à faire des prédictions, des regroupements ou des classifications précises dans vos données.

Cependant, la difficulté de l'apprentissage automatique c'est d'avoir des algorithmes qui ne fonctionnent pas. En ce moment, beaucoup de temps et d'argent sont consacrés aux applications d'apprentissage automatique. Malheureusement, beaucoup de ces applications finiront par être des ratés.

Peut-être s'agit-il d'un mauvais choix ou d'une mauvaise mise en œuvre des algorithmes. Il est plus probable que le projet ne dispose pas de suffisamment de données ou du bon type de données pour réussir. La fréquence d'échec des projets d'apprentissage automatique n'est pas suffisamment signalée.

Ce qui est frustrant, c'est qu'il peut être difficile de justifier l'échec de votre projet. Vous pourriez avoir des tonnes de données, les tester puis en régler de nombreux algorithmes en vain. Ceci particulièrement vrai pour les problèmes complexes ou les algorithmes qui mettent en œuvre des réseaux neuronaux multicouches ou des arbres de décision *(Random Forests)*. Il est difficile de détecter le lieu exact du dysfonctionnement. Parfois, les spécialistes des données investissent beaucoup de temps dans un projet, pour se rendre compte plus tard qu'ils doivent tout jeter et recommencer avec d'autres données, de nouvelles données ou des données différentes.

Il peut sembler étrange de mentionner une telle section dans un livre qui se veut si optimiste sur l'apprentissage automatique. Cependant, je pense qu'il est important de souligner le fait qu'il y a encore beaucoup de choses que nous ne savons pas sur la création et l'utilisation de projets d'apprentissage automatique. Des projets échouent tout le temps et il est difficile de les réparer. Cela est une réalité importante de l'apprentissage automatique. Il est essentiel pour nous de reconnaitre que ce n'est pas parce qu'un modèle d'apprentissage automatique donne une bonne réponse qu'il est toujours juste ou incontestable.

Nous devons respecter et admirer l'apprentissage automatique en tant qu'outil. Mais en fin de compte, il ne se résume qu'en ceci : un outil.

# Chapitre 5. les applications pratiques de l'apprentissage automatique

Maintenant que vous avez une compréhension de base du fonctionnement de l'apprentissage automatique, il est judicieux de jeter un coup d'œil sur des exemples quotidiens d'apprentissage automatique que vous n'avez peut-être même pas reconnus.

## Le secteur des transports

Lorsque vous ouvrez Google Maps pour obtenir un itinéraire, vous utilisez un modèle dynamique d'apprentissage automatique. Ce modèle utilise les données anonymes des téléphones portables des conducteurs de votre région pour en obtenir les temps de parcours sur les différents itinéraires. Ce modèle intègre également les données de Waze relatives aux fermetures de routes, aux accidents et aux autres rapports d'utilisateurs. Ensemble, le modèle prédit l'itinéraire le plus rapide et une estimation du temps d'arrivée en fonction des informations en temps réel.

Lyft et Uber s'appuient sur ces données avec leurs propres algorithmes d'apprentissage automatique qui permettent une tarification et un calcul des tarifs dynamiques. Ils vous indiquent également le délai d'attente d'un conducteur et l'heure ou la date probable d'arrivée à votre destination, et prennent même en compte le ramassage et l'acheminement d'autres personnes dans le cas des options de covoiturage de Uber Pool ou Lyft Line.

Ces mêmes calculs d'acheminement, de logistique et d'arrivée s'appliquent également au transport routier, au transport maritime et même au transport aérien de longue distance. Ces modèles permettent de prévoir le moyen le plus rapide et le plus sûr de transporter des biens et des personnes tout en maximisant l'efficacité.

## RECOMMANDATIONS DE PRODUITS

En fait, chaque fois qu'une entreprise vous fait une recommandation en ligne, vous pouvez en déduire la contribution d'un algorithme d'apprentissage automatique. Amazon sait quels produits pourraient vous intéresser en se fondant sur ce que vous avez déjà



les films que vous avez regardés auparavant.

## Customers who bought this item also bought

Mastering Bitcoin for
Starters: Bitcoin and
Cryptocurrency...
› Alan T. Norman
⭐⭐⭐⭐☆ 166
Kindle Edition
$0.99

Blockchain Technology
Explained: The Ultimate
Beginner's Guide About...
› Alan T. Norman
⭐⭐⭐⭐☆ 76
**#1 Best Seller** in
Virtualization
Kindle Edition
$0.99

Cette approche va plus loin que de servir de simples recommandations personnalisées ; elle s'applique également à la publicité. Facebook connaît une tonne de données personnelles vous concernant et utilise ces données pour personnaliser les publicités qu'il vous montre. Il en va de même pour YouTube, Twitter, Instagram et tous les autres réseaux sociaux.

En outre, Google utilise vos informations personnelles pour personnaliser les résultats que vous recevez lorsque vous effectuez une recherche. Par exemple, il est plus probable qu'il vous recommande des entreprises locales dans votre ville ou des articles de sites Web ou d'auteurs que vous avez déjà visités. Tout comme les réseaux sociaux, Google personnalise également ses annonces pour vous. Vous ne me croyez pas ? Effectuez une recherche sur Google depuis votre navigateur, puis effectuez la même recherche dans une fenêtre incognito de votre navigateur (supprimez les cookies et les informations de connexion). Pour la plupart des recherches, en particulier sur des sujets que vous avez déjà étudiés, vous verrez que vous obtenez des résultats différents.

Même l'apprentissage automatique en personne physique changera notre façon d'effectuer des achats. Les grands distributeurs s'intéressent aux applications par vision artificielle qui identifient ce que vous avez déjà dans votre panier et peuvent vous faire des recommandations. D'autres systèmes utilisent la reconnaissance faciale pour identifier les clients perdus ou confus, et ces clients peuvent demander l'assistance d'un employé. Ces systèmes en sont encore à leurs débuts, mais ils sont une représentation de la manière dont l'apprentissage automatique s'intègre à tous les aspects de la vie, y compris les interactions entre humains.

# LE SECTEUR DES FINANCES

Toutes les grandes banques utilisent l'apprentissage automatique pour simplifier leurs opérations. En matière de technologie réglementaire, les algorithmes d'apprentissage automatique peuvent aider les banques à déterminer si leurs processus et leurs documents sont conformes aux normes gouvernementales. D'autres algorithmes d'apprentissage automatique prédisent les tendances du marché ou fournissent des informations sur les investissements.

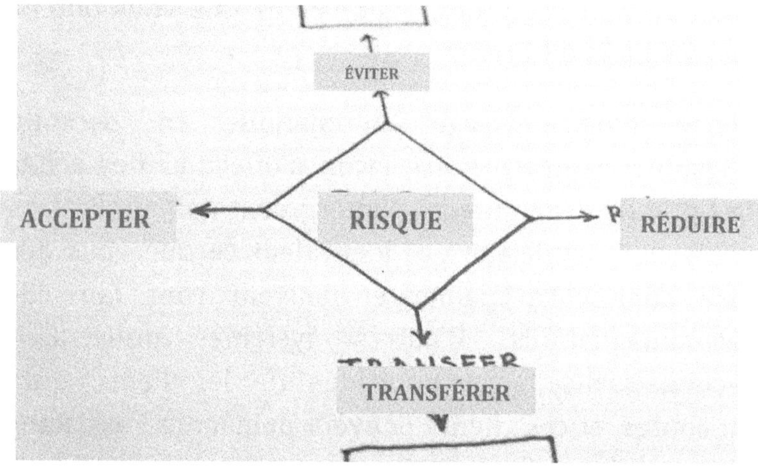


Pour les demandes de prêt ou les lignes de crédit, l'apprentissage automatique peut aider les banques à prévoir le risque de prêter à un client donné. Ces modèles peuvent ensuite suggérer des conditions et des taux qui sont adaptés au demandeur. Dans le domaine bancaire, la reconnaissance de caractères par ML permet de déposer un chèque à l'aide de l'appareil photo de votre Smartphone. L'apprentissage automatique peut également détecter et empêcher les transactions frauduleuses sur votre compte.

## ASSISTANTS VOCAUX, MAISONS ET VOITURES INTELLIGENTES

Les assistants Siri et Alexa, par exemple, comptent sur l'apprentissage automatique pour comprendre et répondre à la parole humaine. L'IA conversationnelle est à la pointe de l'apprentissage automatique et de la formation des réseaux neuronaux. Nous sommes devenus assez doués pour la reconnaissance vocale et pour répondre à des questions de base comme "Quel temps fera-t-il aujourd'hui ? Le prochain défi est d'obtenir une IA conversationnelle qui puisse parler de musique, de littérature, d'actualité ou d'autres idées complexes.

Le rôle de la voix ne fera que s'étendre dans les années à venir, car nous comptons de plus en plus sur nos assistants personnels. Ce phénomène se révèle particulièrement puissant surtout qu'il peut aller de pair avec la quête de maisons intelligentes et de véhicules autonomes. Il est possible d'imaginer un avenir où vous pourrez contrôler intuitivement chaque aspect de votre maison et de vos transports en parlant avec un assistant vocal. À leur tour, chacun de ces systèmes - comme les thermostats intelligents, les systèmes de sécurité intelligents et les voitures autonomes - utilisent leurs propres algorithmes d'apprentissage automatique pour effectuer les tâches que nous leur demandons.

# CONCLUSION

Bien sûr, il existe des tonnes d'autres cas d'utilisation de l'apprentissage automatique. Les domaines tels que les soins de santé, l'industrie manufacturière, l'agriculture et bien d'autres domaines de notre vie font appel à l'apprentissage automatique. L'apprentissage automatique est utile partout où il y a des données et nous avons besoin d'aide pour comprendre, pour prédire ou pour utiliser ces données.

L'apprentissage automatique est un outil puissant et il continuera à prendre de l'importance dans notre vie quotidienne. Il est donc impérieux que tout le monde ait une compréhension de base de son fonctionnement, de ses défauts potentiels et des énormes possibilités qu'il offre. Nous espérons que ce guide rapide pour débutants a constitué une base solide pour les profanes intéressés qui souhaitent en acquérir les bases.

Cela dit, il y a encore tellement de choses à savoir de l'apprentissage automatique qui ne sont pas couvert dans ce livre ! Il existe d'excellentes ressources en ligne et en version imprimée qui vous permettront d'approfondir vos connaissances de cette importante technologie. J'espère que ceci n'est que le début de votre aventure pour l'apprentissage automatique.

Merci de votre lecture.

Alan T. Norman est un hacker fier, avisé et éthique de la ville de San Francisco. Après avoir obtenu une licence en sciences à l'université de Stanford. Alan travaille aujourd'hui pour une entreprise de technologie informatique de taille moyenne au cœur de SFC. Il aspire à travailler pour le gouvernement des États-Unis en tant que hacker de sécurité, mais il aime également enseigner l'avenir de la technologie. Alan croit fermement que l'avenir dépendra fortement des "maniaques de la technologie informatique", tant pour la sécurité que pour le succès des entreprises et pour les futurs emplois. Pendant son temps libre, il aime analyser et examiner tout ce qui concerne le basket-ball.

# LES LIVRES BONUS DES BITCOIN WHALES

Mastering Bitcoin for Starters – (Maîtriser Bitcoin pour Débutants)

Cryptocurrency Investing Bible – (Tout connaître sur la Cryptomonnaie)

Blockchain Technology Explained  (La technologie Blockchain expliquée)

https://geni.us/blockchain-fr

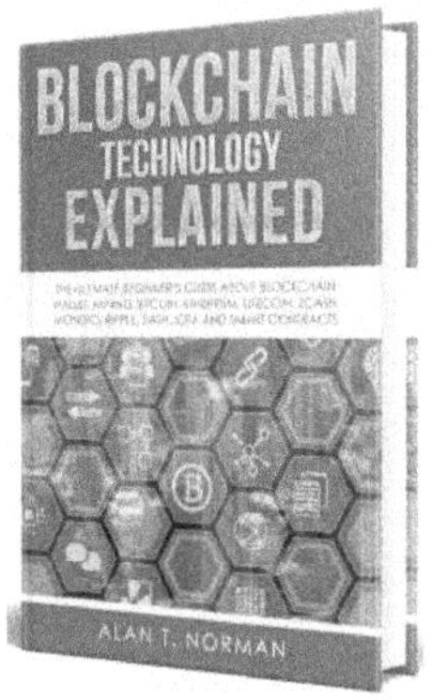

Cryptotrading Professionnel: Gagnez votre vie avec des stratégies, des outils et des techniques de gestion des risques éprouvés

https://geni.us/Crpo-french

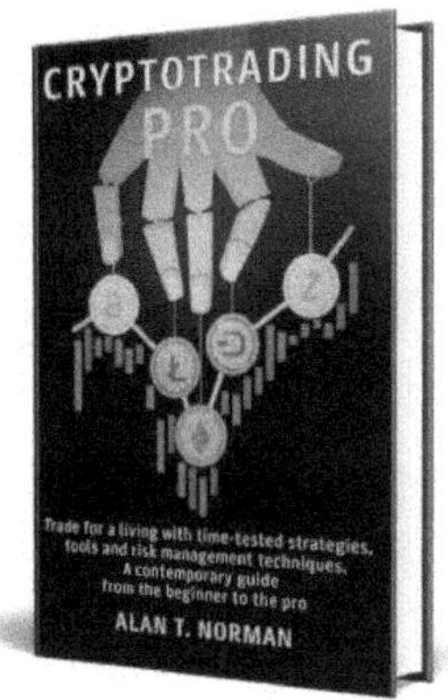

Hacking: Computer Hacking Beginners Guide –
(Le Hacking: Guide de Hacking pour Débutants)
https://geni.us/hacking-fr

Hacking : How to Make Your Own Keylogger in
C++ Programming Language - (Hacking:
Comment créer votre propre Keylogger
(Enregistreur de frappe) en langage de
programmation C++)

HACKED: Kali Linux and Wireless Hacking Ultimate Guide – (PIRATÉS : Guide ultime de Kali Linux et du Piratage sans fil)

*AVEZ-VOUS APPRÉCIÉ LE LIVRE ?*

SI OUI, FAITES-LE MOI SAVOIR EN ME LAISSANT UN COMMENTAIRE SUR AMAZON ! Les critiques sont le moteur des auteurs indépendants. Je vous serai reconnaissant pour, ne serait-ce que quelques mots et une évaluation, si c'est tout ce que votre temps vous permet de faire.

 SI VOUS N'AVEZ PAS AIMÉ CE LIVRE, ALORS DITES-LE MOI ÉGALEMENT ! Envoyez-moi un courriel à alannormanit@gmail.com et dites-moi ce que vous n'avez pas aimé ! Je pourrais éventuellement le modifier. Dans le monde d'aujourd'hui, un livre n'a pas besoin d'être stagnant, il peut s'améliorer avec le temps et avec les réactions de lecteurs comme vous. Vous pouvez avoir un impact sur ce livre, et vos commentaires sont les bienvenus. Contribuez à rendre ce livre meilleur pour tout le monde !

www.ingramcontent.com/pod-product-compliance
Ingram Content Group UK Ltd.
Pitfield, Milton Keynes, MK11 3LW, UK
UKHW021646190726
13853UKWH00001B/82